AF356882

Hermann COHN

MŒURS
des Juifs et des Arabes
de Tétuan

(Maroc)

Avec une lettre de S. MUNK

3ᵉ édition

PARIS

LIBRAIRIE LIPSCHUTZ

28, rue Lamartine

1927

Hermann COHN

MŒURS
des Juifs et des Arabes

de Tétuan

(Maroc)

Avec une lettre de S. MUNK

2ᵉ édition

PARIS

LIBRAIRIE LIPSCHUTZ

28, rue Lamartine

1927

Mon cher Monsieur Cohn,

·J'ai lu avec un vif plaisir vos articles sur les Israélites de
Tétuan, qui m'ont intéressé et instruit.

J'ai été charmé de votre relation si simple, éloignée de
toute prétention de *touriste*, et dont chaque ligne porte le
caractère de la vérité. Vous avez bien mérité de nos coreligionnaires d'Afrique, en les comparant avec la population
arabe, et en faisant ressortir leur supériorité morale et
intellectuelle, qui n'était plus un mystère pour ceux qui
ont eu tant soit peu l'occasion d'étudier le caractère des
Arabes et des Juifs d'Orient. Plût à Dieu que votre relation
fît tomber les préjugés dont, grâces à de faux rapports,
nos coreligionnaires d'Afrique sont encore l'objet. Les
Juifs seuls, en Afrique, sont accessibles à la civilisation
européenne, dont une barrière infranchissable séparera
toujours les Arabes. Le Gouvernement français en a pu
faire l'expérience en Algérie ; la civilisation française y sera
accueillie par nos coreligionnaires indigènes, tandis que
les Musulmans resteront toujours étrangers, sinon hostiles,

à cette civilisation. Si, au moyen-âge, les sciences grecques
ont su pénétrer chez les Arabes, notamment en Afrique et
en Espagne, ce triomphe n'était que momentané et partiel.
Les fanatiques dynasties des Almoravides et des Almohades,
et l'immense majorité de la population proscrivirent les
sciences, et notamment la philosophie, qui durent chercher
un refuge dans les obscurs quartiers des Juifs, et encore
aujourd'hui les Ibn-Bâdja, les Ibn-Tofeil, les Averroès
sont connus des amateurs de la littérature juive, tandis que
les savants Arabes d'Afrique ignorent jusqu'à leur nom.
Lorsque le fanatisme du cardinal Ximénès, comparable à
celui d'Omar, fit disparaître la dernière trace de la civilisation arabe, en livrant aux flammes, après la conquête de
Grenade, 80,000 manuscrits arabes, les Juifs purent sauver
des trésors, dans lesquels seuls nous pouvons puiser aujourd'hui la connaissance de cette civilisation. L'expérience du passé peut servir de pronostic aux espérances de
notre époque.

Votre relation, si simple et si modeste, dont vous n'avez
peut-être pas vous même mesuré la portée, me fait bien
augurer du rôle que les Juifs d'Afrique sont peut-être appelés à jouer un jour dans l'histoire de la civilisation.

Recevez, mon cher Monsieur, l'expression de ma consi-
dération très-distinguée.

S. MUNK.

MŒURS DE TÉTUAN

— MAROC —

A une époque où tout le monde s'intéresse aux peuples de l'Asie, où tous les Juifs éclairés de la France font tant d'efforts généreux pour répandre la civilisation parmi leurs frères des pays arriérés, il me semble que la connaissance des mœurs des coreligionnaires malheureux, que nous voulons relever en les initiant aux idées européennes, est d'une haute importance et presque indispensable à tous ceux qui s'intéressent à leur sort. Ayant vécu cinq ans parmi eux, deux ans et demi à Gibraltar et deux ans et demi à Tétuan (Maroc), en qualité de directeur de l'école française de cette dernière ville, fondée par l'*Alliance* et le *Board of deputies*, j'ai eu le temps de me familiariser avec eux.

La communauté de Tétuan, communauté de 7,000 à 8,000 âmes, est la plus considérable de toutes celles de l'empire du Maroc : les Juifs, descendants des anciens émigrés espagnols, y ont conservé toutes les traditions des siècles passés; ils se trouvent du reste dans les mêmes conditions et dans la même position sociale et politique que tous leurs coreligionnaires de l'Orient, qui sont pour la plupart également les descendants des exilés d'Espagne.

2

L'étude des mœurs des Juifs de Tétuan peut donc servir de type pour l'Orient israélite tout entier.

J'ai cru cependant devoir adopter l'idée de M. Rabbinowicz, que pour apprécier à sa juste valeur un individu ou une population, il est indispensable de connaître le milieu qui l'entoure; ainsi j'ai constamment mis les mœurs des Arabes de Tétuan, en regard de celles des Juifs de la même ville; je commence même toujours par les premiers qui constituent l'immense majorité de la population et qui forment la race dominante, afin de faire mieux ressortir les qualités par lesquelles les derniers s'en distinguent.

La vitalité du judaïsme et les traditions de ces anciens Juifs espagnols, qui jadis furent la gloire du peuple d'Israël, ont triomphé, par leur influence indestructible, de tous les obstacles, de toutes les causes d'anéantissement ainsi que de la servitude séculaire, des persécutions de toutes sortes et de l'hostilité permanente d'un peuple mille fois plus puissant et plus nombreux. On peut d'autant plus espérer des résultats féconds des généreux efforts de l'*Alliance israélite universelle*, du *Board of deputies de Londres*, de M. le baron de Rothschild, et qu'on me permette d'ajouter ceux de mon frère, M. Albert Cohn, pour porter la civilisation dans ce pays arriéré par la position malheureuse de ses habitants.

§ 1 — *Instruction publique.*

Les Arabes possèdent un grand nombre de petites écoles, où on n'enseigne du reste que la lecture de la langue arabe et le Coran. Tous les élèves y sont assis par terre, la tête rasée, les jambes croisées, tenant chacun à la main une table en bois, sur laquelle sont inscrits quelques passages du Coran; pendant l'étude ils font des mouvements continuels, comme les Juifs européens pendant l'étude du *Thalmud*. Ils parlent tous à haute voix de manière à produire un grand bruit. Il faut croire qu'à force d'habitude, le professeur, assis par terre au milieu de ses élèves, n'est pas trop gêné par ce bruit étourdissant.

Toutes leurs écoles sont au rez de chaussée, elles n'ont pas de fenêtres donnant sur la rue, aussi sont-elles sombres, sales et dans un triste état. Du reste, on n'y laisse entrer aucun Européen, *kapher* (infidèle, *Nassrani* (Nazaréen ou Chrétien).

Mais ce qui est surtout remarquable, c'est que les enfants des Arabes pauvres ne reçoivent aucune instruction; aussi trouve-t-on peu d'Arabes qui sachent lire et écrire : l'instruction la plus élémentaire est le privilége des familles riches.

Quant aux Juifs, leurs h'adarim (écoles) sont très-nombreuses ; les enfants y sont également assis par terre, les jambes croisées, la tête couverte, tenant chacun à la main son livre. On y enseigne la lecture hébraïque et le Pentateuque, qu'on traduit en espagnol, leur langue maternelle. Ils lisent le texte et la traduction, appelée *ladino*, avec les *neghinoth* (accents bibliques). Les vendredis on étudie la *haphtorah* de la semaine avec les *neghinoth* et l'écriture hébraïque, connue sous le nom d'écriture de Raschi. En été, on enseigne en outre les *pirke aboth* (les six chapitres des pères de la synagogue), depuis la fête de Pâques jusqu'à la Pentecôte. Samedi matin, après l'office, le chapitre de la semaine est chanté dans la synagogue par un des élèves, c'est un honneur que son père doit payer, comme la *haphtorah*, ou comme les *mitswoth* en Europe. Depuis la Pentecôte jusqu'à Rosch-haschana (nouvel an) on enseigne les *hagiographes* (les *Proverbes Daniel Job*); en hiver, on enseigne les *psaumes*, toujours avec les *neghinoth* ou *taamim* (accents bibliques).

Les élèves plus avancés apprennent aussi le *Schoulh'an aroukh* (livre des prescriptions) et *H'ok le israël* : c'est un recueil contenant des sujets très-variés et pourvu de notes du célèbre *rabbi Azoulaï*, dont la mémoire est très-vénérée parmi tous les Juifs du Maroc. Les élèves apprennent aussi le *Zohar* (le principal livre de la Cabalah), surtout les morceaux qui se trouvent dans le *H'ok le israël*. Enfin, les plus avancés apprennent aussi le *Thalmud*, mais on étudie rarement les *Prophètes*. Les écoles sont du reste sombres et sales comme celles des Arabes. Mais ce qui est surtout remarquable, c'est que les enfants pauvres sont instruits aux frais de la communauté; aussi, presque tous les Juifs savent lire et écrire.

Les Juifs de Tétuan ont en outre dix ou onze *bathe midraschim* ou séminaires rabbiniques, entretenus par des legs donnés par des Israélites généreux de Livourne, de Gibraltar et d'autres villes; trois sont surtout remarquables par le nombre des étudiants. Ils portent le nom de leurs fondateurs, comme *Benoliel*, de Gibraltar; *Aboudarham*, de Livourne, et *J. Lévy*, de Tétuan, qui est mort dernièrement à Khiffa, en Palestine. On y reçoit des jeunes gens qui ont déjà fait des études suffisantes pour être à même de les continuer sans l'aide d'un maître, afin de s'y perfectionner et de devenir aptes aux fonctions rabbiniques. Ils reçoivent des fonds du séminaire une allocation de 20 fr. par mois pour leur entretien. Dans chaque séminaire, il y a un *Rosch jeschibah* (professeur en chef) qui aide les jeunes gens dans leurs études, et qui reçoit des honoraires de 60 à 80 fr. par mois. Les quatre rabbins de la ville fonctionnent en même temps comme *Rosch jeschibah* dans les séminaires. Je nommerai surtout *rabbi Isaac ben Oualid*, vieillard d'environ quatre-vingt-dix ans, l'honneur et l'orgueil de Tétuan, et très vénéré même des Arabes ; il a le titre de *rabbin de Magreb* ou *rabbin du Maroc*, et il est le *Rosch Yesibah* du plus grand séminaire.

On trouve dans les séminaires une autre catégorie de personnes qui s'occupent des études thalmudiques dans un but purement religieux : ce sont les *h'akamim* (savants) pauvres, qui s'occupent exclusivement de ces études, et qui reçoivent sur les fonds des séminaires une allocation de 40 à 60 fr. par mois.

La fondation de J. Lévy a deux divisions, l'une au rez-de-chaussée, qui est un séminaire, et l'autre au premier étage destinée à une *Thalmoud thorah* (école des enfants pauvres), pour 100 à 120 élèves, avec trois professeurs.

§ 2. — *Bienfaisance.*

Il y a peu de chose à dire de la bienfaisance des Arabes de Tétuan ; ce n'est pas cependant l'occasion qui manque, car la misère est grande ; les Espagnols ont démoli, pendant la guerre, douze à quinze cents maisons et réduit ainsi quinze cents à deux mille familles arabes à mourir de faim et à mendier l'aumône chez leurs coreligionnaires et chez les Juifs. On voit tous les jours dans les rues et sur les promenades beaucoup d'Arabes, hommes, femmes et enfants, mendier leur pain sans que leurs coreligionnaires s'en soucient. Les exceptions à la règle sont rares ; il faut cependant nommer l'Arabe le plus civilisé, l'ancien gouverneur de Mogador, qui fait beaucoup de bien à ses coreligionnaires et même aux Juifs, sans distinction de culte.

Il n'en est pas ainsi chez les Juifs; les plus riches, au nombre de quatre ou cinq, possèdent à peine de quinze à vingt-cinq mille francs, et le quart de la communauté 2,000 sur 7,000 à 8,000 âmes, vit exclusivement de la charité; cependant les Juifs s'occupent beaucoup de leurs pauvres. Ils ont un grand nombre d'établissements de bienfaisance : les malades reçoivent des secours à domicile, les pauvres reçoivent des vivres et de l'argent, on fait pour eux des collectes la veille des fêtes, en présence des deux grands rabbins et de quelques membres laïques de la junte israélite. La fête de Pourim, on donne encore plus d'aumônes que pendant toute l'année. Pour les Pâques, on distribue aux pauvres le pain azyme et tout ce dont ils ont besoin. L'hiver on leur donne des couvertures de lit. Les pauvres filles reçoivent, pour se marier, une petite dot en argent et les objets nécessaires pour leur ménage ; elles trouvent même à emprunter, pour le jour de la noce, tous les objets de luxe en usage dans le pays, afin qu'elles puissent célébrer dignement ce jour, et qu'elles ne soient pas humiliées par leur pauvreté.

L'étranger pauvre s'adresse au *parnas* (administrateur de la communauté), qui lui procure les vivres et les frais de voyage.

La communauté de Tétuan donne en outre tous les deux ans, trois à cinq cents francs au délégué de Jérusalem pour les pauvres de la ville sainte.

§ 3. — *Richesse.*

Pour mieux apprécier le mérite de la bienfaisance qui distingue si honorablement nos coreligionnaires, il importe de connaitre leur richesse relativement à celle de leurs concitoyens.

Malgré le grand nombre de pauvres, les Arabes sont généralement dans l'aisance ; la plupart ont des propriétés, leurs besoins sont en rapport direct avec l'état de leur civilisation, c'est-à-dire peu considérables. Il y en a qui possèdent jusqu'à deux ou trois millions de francs, et des palais magnifiques à la mauresque, pourvus d'un grand luxe, comme les frères Ersini, l'ancien gouverneur de Gibraltar, sidi Jacobi, Del-Chetib, Alhadj Abd-el-Kader del Atar, l'ancien gouverneur de Mogador, l'homme de bien que j'ai déjà mentionné, qui, pour ses mérites, a reçu de la reine d'Espagne de riches cadeaux et des décorations, et beaucoup d'autres millionnaires Arabes, qui ont des jardins et des villas magnifiques, et qui vivent de leurs rentes.

Les Juifs, au contraire, sont en général pauvres ; leurs besoins de ménage, l'éducation des enfants et l'habillement sont plus considérables que ceux des Arabes, tandis que leurs industries et leur commerce rapportent peu de chose. Ils ne possèdent ni terres, ni

jardins ; du reste ils n'oseraient pas en acheter hors de la ville,
où ils n'auraient pas de sécurité suffisante. J'ai déjà dit que sur
7 à 8,000 âmes dont se compose la communauté, 2,000 vivent
exclusivement de l'aumône de leurs coreligionnaires. Le commerce
a bien diminué depuis environ quinze à vingt ans ; beaucoup de familles riches ont émigré pendant la guerre avec l'Espagne, pour s'éta-
blir à Tanger, à Gibraltar et à Oran, en sorte qu'il ne reste à Tétuan que quatre ou cinq Israélites qui possèdent quinze à vingt-cinq
mille francs.

§ 4. — *Industrie, commerce.*

A côté de la richesse se place naturellement le chapitre sur les
industries, les métiers et le commerce.

Les Arabes s'occupent surtout de l'agriculture, principalement
les pauvres, dont les femmes exécutent les travaux les plus durs
des champs. Un grand nombre d'Arabes fabriquent des armes,
plusieurs sont marchands de chevaux, d'autres font des tapis en
paille. Il y en a qui font des sucreries, d'autres ont des boutiques
de mercerie et de parfumerie, quelques pauvres Arabes sont musiciens. Enfin, on rencontre des Arabes venus de l'Algérie, qui
s'occupent des broderies d'or sur le velours. Là se bornent le commerce et l'industrie des Arabes.

Les Juifs, au contraire, font tous les métiers : on trouve parmi
eux des tailleurs, cordonniers, serruriers, charpentiers, menui-
siers, ferblantiers, doreurs, orfèvres, musiciens, etc. Beaucoup de
Juifs louent des propriétés pour les cultiver, surtout des jardins
de légumes. D'autres font le commerce d'oranges, commerce très-
important, car Tétuan se distingue de toutes les villes du Maroc
par la quantité et la qualité de ses oranges ; ils les exportent à
Gibraltar, à Oran et jusqu'aux côtes de l'Espagne. Beaucoup font
le commerce de céréales en gros et en détail, des bœufs et des co-
mestibles.

Les Juifs ont des boutiques dans leurs quartiers et dans les quartiers arabes. Il y en a qui sont marchands ambulants. Beaucoup
sont employés comme porteurs dans les douanes. Quelques-uns
sont changeurs de monnaie. Deux tailleurs Juifs travaillent pour
le gouverneur de la ville et pour le sultan qui sont très-con-
tents de leurs travaux.

Le commerce des Juifs est très-considérable et très-varié. Ils

font le commerce de toute espèce de soieries en gros et en detail,
de toile, de toutes sortes d'étoffes, etc. Ils achètent à Gibraltar et
en Espagne, comme à Cadix, à Malaga, à Séville, pour revendre
à Tétuan, surtout les étoffes aux couleurs voyantes qui y sont très-
recherchées. Beaucoup font le commerce de café, de sucre, et de
tous les objets de consommation pour la ville de Tétuan. Un grand
nombre font le métier de muletiers, ils conduisent les voyageurs
de Tétuan à Tanger ou ailleurs, ils ont à protéger, contre tout
accident et surtout contre les brigands, la vie et la fortune de ces
voyageurs ; les muletiers ont une excellente réputation de pro-
bité et d'habileté, aussi possèdent-ils toute la confiance des voyageurs.

Quelques Juifs sont employés comme interprètes chez les consuls
français, anglais et espagnols. Le service de la poste se fait en
général par des Juifs. Deux Israélites, natifs de Tétuan, sont vice-
consuls. M. Nahon, après s'être fait naturaliser français à Oran, a
été nommé vice-consul de France, un autre Juif est vice consul du
Portugal et interprète chez le consul espagnol. Vingt à trente Juifs
de Tétuan ont fondé de beaux établissements de commerce à Ceuta,
en face de Gibraltar.

Les femmes juives sont très-actives, elles travaillent toutes
dans la maison ; beaucoup ont une industrie particulière, surtout
les pauvres, qui ont la réputation d'être très-habiles à blanchir
les maisons ; elles travaillent chez les Juifs et même chez les Arabes, pour quinze à vingt-cinq sous par jour. D'autres font des pâ-
tisseries et des sucreries ; elles passent pour les faire mieux que
les Arabes, quelques-unes les font même à la manière européenne.
D'autres sont couturières, blanchisseuses de linge. Beaucoup de pauvres font le ménage chez d'autres.

Les Juifs sont en général plus actifs, plus intelligents et plus
habiles dans les métiers et le commerce que les Arabes. Ils travaillent ordinairement depuis cinq heures du matin jusqu'à une
heure avancée de la nuit, car ils ont à satisfaire aux nombreux
besoins de leur famille.

§ 5. — *Position de la femme.*

On a dernièrement fait tant de bruit de la polygamie des Juifs,
qu'il est d'un haut intérêt de savoir à quoi s'en tenir. Chez les
Arabes de Tétuan, les femmes sont en effet dans une position

très-inférieure. Elles ont toujours la face couverte, à l'exception
des yeux. Elles vivent tout à fait isolées et enfermées; elles ne
peuvent avoir aucune communication avec des hommes, et ne
mangent pas même à table avec leurs maris, qui les considèrent
comme des esclaves. Chaque Arabe qui a de la fortune a deux
femmes, l'une est arabe et l'autre est une négresse qu'il reçoit
souvent du sultan, comme cadeau. Le soir, les femmes et les petites filles se réunissent à la terrasse pour prendre l'air, mais à la
vue d'un homme, surtout d'un Européen, elles sont obligées de se
cacher. Personne ne peut entrer dans une maison ou dans un jardin où il y a des femmes arabes. Elles ne peuvent même pas aller
dans les mosquées faire leur prière, excepté pendant la nuit quand
i n'y a plus un seul homme.

Les femmes des Arabes pauvres travaillent aux champs, où on
les soumet aux labeurs les plus durs; elles portent les fardeaux les
plus lourds pour gagner six à huit sous par jour. Elles ont cependant un privilége pour lequel leurs coreligionnaires riches leur
portent envie probablement, c'est qu'en allant au marché, elles
peuvent découvrir la face, afin qu'elles ne soient pas gênées et
qu'elles puissent parler avec leurs marchands.

Les femmes juives, au contraire, sont beaucoup plus libres et
plus estimées de leurs maris. Elles mangent toujours à table avec
eux. Elles n'ont pas la face couverte. Elles ne sont ni isolées ni
enfermées; elles parlent aux hommes; elles vont à la synagogue
quand elles veulent, elles font même des visites avec ou sans
leurs maris.

Quant à la bigamie, objet de tant de critiques hostiles, dans
toute la ville de Tétuan, renfermant 7 à 8,000 âmes juives, il n'y
a que deux bigames, dont l'un a épousé la deuxième femme, parce
que la première est atteinte d'une folie incurable, et l'autre a épouse
la deuxième femme à l'étranger, à l'insu de la première épouse.
Voilà à quoi se réduit la pratique de la bigamie. Ces deux cas,
loin de valoir un reproche à la communauté, pourraient servir à
rehausser le mérite des Juifs de Tétuan qui, malgré les deux exem-
ples qui leur montrent la possibilité de contracter deux mariages,
restent tous monogames. Combien y en a-t-il, au contraire, à Paris
ou ailleurs, Chrétiens ou Juifs, qui épouseraient volontiers deux
ou trois femmes, si c'était possible, et si la loi le permettait!

§ 6. — *Procès et crimes.*

L'article des procès et crimes est encore un des plus intéressants, et il montre bien la moralité supérieure des Juifs de Tétuan.

Les Arabes ont encore conservé les punitions barbares dignes du moyen-âge; ainsi, pour le vol et d'autres crimes graves, ils infligent la peine de 500 à 600 coups sur le dos nu. Les femmes arabes, accusées de prostitution ou d'une mauvaise conduite, sont amenées dans le *meschouar* (espèce de palais de justice), pour être jugées par le paschah; si elles sont reconnues coupables, elles reçoivent séance tenante, en sa présence et devant la porte du meschouar, 300 à 500 coups de fouet sur le dos, et elles ont en outre à subir quelques mois de prison. Ces jugements et ces punitions ont toujours lieu les jours de marché, qui sont les dimanches, mercredis et vendredis; la peine est ainsi aggravée par la présence de la foule. Malheureusement, ces peines infamantes et dégradantes sont moins propres à améliorer qu'à démoraliser les femmes, à leur ôter tout sentiment de dignité et à les rabaisser à la position de véritables esclaves.

D'autres criminels sont conduits à travers les rues, chargés de chaînes et escortés de soldats qui les frappent sur le dos pendant tout le trajet jusqu'à leur arrivée à la prison; aussi succombent-ils souvent aux coups terribles qu'ils reçoivent de cette manière barbare. Le nombre et l'audace des voleurs et assassins arabes sont si grands, qu'à quatre heures du soir on ne peut plus se promener aux environs de la ville sans courir le risque d'être dépouillé et assassiné. Ces crimes abominables restent même trop souvent impunis. Le gouverneur de la ville a un certain nombre de gendarmes destinés à accompagner les promeneurs et les voyageurs pour les protéger contre les brigands, et à se faire payer cher cette protection. Ainsi, de Tétuan à Tanger, il faut payer 20 francs au gendarme. Si les voyageurs négligent ou refusent de payer argent comptant la sécurité que le gouvernement doit aux citoyens, le gouverneur déclare qu'il n'est pas responsable des meurtres commis sur eux, et il laisse les crimes impunis.

L'année passée, un jeune Israélite, Jacob Barchilon, retournait à cheval de son jardin situé à la distance d'une demi-heure de la ville, quand il fut surpris par un Arabe depuis longtemps son ennemi, qui a tiré sur lui, l'a fait tomber du cheval, et l'a achevé de

plusieurs coups de sabre. Malgré ses blessures, il a pu être rap-
porté chez lui, et faire connaître son assassin avant de rendre le
dernier soupir. Cependant cet assassin se promène encore dans les
environs de la ville, il peut vaquer à ses affaires sans être inquiété
par la police.

Quant aux Juifs, on n'a jamais rencontré parmi eux, ni assassin,
ni voleur de grand chemin. Il en est de même des Juifs noirs dis-
séminés parmi les montagnards, appelés Riffenyas, les fameux pi-
rates de Riff, et qui vivent de la vie de leurs voisins musulmans,
sans suivre leur exemple dans les crimes d'assassinat et de meurtre.
Ainsi, on n'a presque jamais vu à Tétuan un Israélite subir une de
ces peines terribles et infamantes dont je viens de parler. Si un
cadi fanatique voulait l'infliger à un Juif, les consuls européens, il
faut leur rendre cette justice, s'opposeraient à de pareils actes d'in-
justice. Même dans les prisons, parmi des centaines de prisonniers
arabes, il est rare de rencontrer un Israélite, et encore est-il visité
et consolé par ses amis, tandis que le prisonnier arabe est aban-
donné de tout le monde.

Aussi l'Européen qui se trouve à Tétuan choisit sa compagnie
intime parmi les Juifs, il a confiance dans leur honnêteté et dans
leur habileté.

Enfin la sodomie, malheureusement encore fréquente parmi les
peuples de l'Orient, est inconnue chez les Juifs.

Si un Juif non protégé a un procès avec un Arabe, c'est le cadi
qui le juge; si le premier se croit lésé, il peut en appeler à un des
consuls européens. Si le Juif est l'un protégé, il s'adresse tout d'a-
bord à son consul, qui lui donne son interprète pour porter la
plainte devant le gouverneur et pour surveiller la marche du
procès.

Si les Juifs ont un procès entre eux, ils s'adressent au tribunal
rabbinique, composé des quatre rabbins de la ville, qui juge
d'après les lois thamuldiques; parfois ils s'adressent à la *junte*
israélite.

§ 7. — *Mœurs, costumes.*

Les Maures, en général bien faits, vigoureux, d'une haute sta-
ture, sont très-polis envers les Européens. Ils sont très-religieux.
Pendant les loisirs, ils s'adonnent à l'étude du Coran ou à d'autres pieuses occupations. Ils ont une grande vénération pour leurs
parents et leurs chérifs.

Ils aiment la société, et se réunissent presque tous les jours dans le fundouc, espèce de maison de bourse, pour causer du commerce et de toutes leurs affaires, en fumant leur tchibouc.

Ils sont très-passionnés pour le jeu des échecs.

Mais ce qui étonne les étrangers, c'est qu'à l'exception d'un petit nombre, ils ne connaissent pas l'usage du couteau et de la fourchette, ni de chaises ; ce ne sont pour eux que des objets de luxe, qu'ils réservent pour des occasions solennelles ou pour un invité européen ; ils prennent leurs repas assis par terre, et mangent la viande sans couteau et sans fourchette.

Ils ont un vêtement de mérinos rouge ou bleu qui enveloppe tout le corps, et un pantalon de drap rouge très-large. En hiver, ils ont, en outre, une espèce de burnous de drap bleu, et en été un burnous blanc et léger. Ils ont tous la tête rasée et la couvrent d'un bonnet rouge, que les pauvres remplacent par un mouchoir blanc. Ceux qui ont fait le pèlerinage de la Mecque ont le titre de hadji (pèlerins de la terre sainte de Hedjaz), et sont alors autorisés à porter le turban.

Leur chaussure consiste en pantoufles jaunes ; ils ne mettent pas de bas, à l'exception des gens riches qui en mettent en hiver.

Les femmes arabes sont d'une beauté remarquable. On peut les voir souvent pendant les soirées, à la terrasse, quand leurs maris sont absents, car alors elles ne se cachent pas toujours à la vue d'un étranger.

Elles ne montrent en sortant aucun luxe ; elles portent toutes un habit de mérinos bleu, très-large, qui couvre tout le corps, un chapeau de paille, rond et très-large pour s'abriter du soleil, et une enveloppe de laine blanche, qui leur couvre la tête et tout le corps. Depuis l'âge de dix ans, elles sont obligées de se couvrir la face avec une toile, qui ne laisse libre que les yeux.

Elles ont des pantoufles de cuir jaune ou rouge, mais elles n'ont pas de bas, et s'enveloppent seulement les jambes avec une toile. Dans la maison, elles peuvent mettre les bijoux, les diamants et tous les objets de luxe, selon leur fortune. Elles mènent toutes une vie oisive, excepté les pauvres, qui font les travaux les plus plus durs aux champs, et vont au marché vendre divers objets de consommation ; à cette occasion, elles peuvent se découvrir la face pour pouvoir parler aux marchands.

Les Juifs ont des mœurs beaucoup plus rapprochées de celles des Européens. Ils ont des chaises, et ils ne prennent pas leurs

repas assis par terre comme les Arabes. Ils se servent aussi de
couteaux et de fourchettes comme en Europe. Leur costume diffère beaucoup de celui des Arabes. Ils se couvrent la tête d'un
bonnet noir. Les manches de leurs chemises sont moins larges ;
leurs pantalons sont de toile blanche. Ils portent une chaussure
à l'européenne, consistant en des souliers et des bas de lin. Ils
portent un habit bleu ou noir, qui les couvre depuis le cou jusqu'aux pieds, et qui est boutonné en avant, tout le long du corps.
Pour le mieux assujettir, ils portent une ceinture de drap rouge, c'est
une espèce de châle, dont ils font plusieurs tours autour du ventre.
Ils portent, en outre, une espèce de pardessus, appelé soulham, de
drap bleu, aux manches pendantes, et richement pourvu de fran-
ges de soie. Beaucoup portent des montres suspendues à un cor-
don noir, qu'on voit à travers l'habit.

Les rabbins et les savants remplacent le soulham par une espèce
de burnous de mérinos noir, et ils se couvrent la tête avec une
espèce de châle mérinos rose.

Enfin, il faut mentionner, à propos du costume des hommes,
qu'environ vingt ou trente familles israélites s'habillent tout à fait
à l'européenne.

Les femmes juives de Tétuan sont d'une beauté très-remarqua-
ble ; elles sont plus belles, plus aimables et plus sociables que les
femmes arabes. Elles sont très-actives ; elles travaillent toutes
dans leurs maisons, et s'occupent de leur ménage. Les femmes
pauvres font le ménage chez d'autres ; plusieurs sont couturières,
blanchisseuses de linge, etc., d'autres encore blanchissent les
maisons, comme je l'ai dit plus haut. Les femmes juives de Tétuan
ne se couvrent pas la face comme les femmes arabes. Leur costume diffère également de celui de leurs compatriotes.

Elles se couvrent la tête d'un drap de soie ; leur coiffure se
termine en pointe. Elles portent des pendants d'oreilles. Elles se
mettent, en outre, au-devant des oreilles, l'alhorza, espèce d'an-
neau pendant le long des joues, fait en or et parsemé de pierres
vertes. Elles ont les cheveux enveloppés dans une espèce de drap
de mérinos rouge, pendant sur la nuque, car les femmes mariées
ne doivent jamais faire voir leurs cheveux ; ce n'est qu'avant le
mariage qu'on peut les voir, pendant librement en longues mè-
ches derrière le dos. Les femmes mariées portent une espèce de
corset richement brodé en or, aux manches très-larges, et qui se
termine en dentelles. Elles portent, en outre, une chaîne en or ou

en perles autour du cou, et une robe à l'européenne. En sortant
dans la rue, elles mettent une autre robe de drap vert ou rouge,
brodée d'or, une ceinture de mérinos sur le bas-ventre, également
brodée d'or et très-large ; enfin, elles mettent des souliers ou
des bottines vernies.

Les novias, ou les jeunes mariées, portent encore sur le front,
surtout dans la première année de ménage, l'esphipha, espèce de
large bande de soie garnie de perles et de pierres vertes, d'une
valeur de 500 fr. On voit souvent cet esphipha sur le front de
jeunes filles de quatorze à quinze ans, qui l'ont reçu en cadeau de
leurs fiancés.

Enfin, les jeunes filles non mariées sont habillées à l'européenne.

§ 8. — *Culte, cérémonies.*

Les *mosquées* sont larges, bien éclairées, très-propres et sans
aucune décoration, sauf quelques tapis et quelques lustres pour
l'office du soir. Monothéistes purs et ne reconnaissant pas de
saints, les Arabes n'ont aucune image. Leurs mosquées sont surtout fréquentées le jeudi soir, le vendredi matin et le lundi soir.
On s'y prosterne, et on reste dans le plus grand recueillement
pendant l'office fait par le chérif. La ville de Tétuan, comme ville
sainte, renferme une grande mosquée remarquable sous beaucoup de rapports. Les femmes arabes n'entrent dans les mosquées
que le soir, quand il n'y a plus d'hommes. Du reste, aucun Européen ni aucun Juif ne peuvent y entrer.

Dans les environs de la ville, on rencontre des tombeaux de
chérifs, où les Arabes entrent pour prier

Ils pratiquent la circoncision à l'âge de treize ans, comme Is-
maël, le fils d'Abraham Ils s'abstiennent du porc et ils tuent les
animaux à la manière des Juifs. Une fois au moins dans leur vie,
ils font le pèlerinage à la Mecque pour visiter le tombeau du Prophète. Pendant toute la durée du pèlerinage, ils ne changent pas
leurs vêtements, et les distribuent à leurs amis à leur retour.
Ils apportent, comme des reliques saintes, les effets des pèlerins
morts.

Les Juifs ont dix-sept synagogues dans leur quartier ; elles
sont presque toutes malheureusement sombres, et leur pro-
preté laisse à désirer. Leurs revenus appartiennent au rabbin et

au personnel du culte qui y sont attachés. Pendant les fêtes de Pâques et des tabernacles, on y vend les mitswoth, l'honneur de chanter les divers morceaux de la prière, etc. Il n'y a qu'une seule synagogue, restaurée il y a deux ans, qui est appelée « *synagogue de la communauté*, » et qui est bien éclairée et très-propre.

La naissance d'un garçon est célébrée avec beaucoup de joie. La veille de la circoncision, la chambre de la femme accouchée est décorée de tapis ; on y place le *kissé schel Eliahou*, et derrière lui on érige un thalamon, espèce de voûte douverte des manteaux de sépharim et de ceintures dorées. Au dessous se trouve une table sur laquelle se trouve une bible ouverte au passage de Pineh'as, et deux bougies. Quand les invités arrivent, on fait la prière du soir, puis on leur offre du café ou du thé, des gâteaux et des dragées, qu'ils emportent avec eux pour les distribuer dans leur famille. Le jour de la circoncision, après l'office du matin, on arrive dans la chambre de l'accouchée, où on pratique la circoncision, puis on offre aux invités des œufs, des noix et une espèce de gâteau. Après le déjeuner, on apporte l'enfant au rabbin, qui le prend dans ses bras et le bénit. Les gens riches donnent, en outre, un repas le soir.

A l'âge d'un an, quand les cheveux de l'enfant se sont suffisamment développés, on lui arrange les *péoth* et on donne à cette occasion une petite fête aux amis.

La *fête de téphilin* ou la *bar-mitswah* ne se célèbre jamais le samedi, mais le jour où l'enfant a accompli sa treizième année, surtout le lundi ou le jeudi, où il y a lecture au sépher. Le garçon a dans ce jour le titre de novio ou fiancé. S'il est capable, il fait dans la synagogue un *derousch* qu'il a préparé d'avance ; après le derousch, le garçon est appelé au sépher. On termine ensuite l'office du matin, et on fait une collecte pour le ministre officiant et le rabbin de la synagogue, puis on conduit solennellement le garçon revêtu de ses téphilin et des habits de fête à travers les rues, jusqu'à la maison de son père, qui donne une fête aux invités.

La naissance d'une fille est accueillie par un triste silence ; aux questions des curieux, on répond « nada, una niña, rien, une fille. Seulement, le jour où on lui donne le nom, on invite les amis et on apporte la fille au rabbin, qui la bénit et lui donne le nom

choisi par son père, puis on sert aux invités des liqueurs, des âg-
teaux, etc.

§ 9. — *Fêtes et jeûnes.*

Les Arabes commencent leurs fêtes le soir comme les Juifs.

Ils célèbrent le *Ramadkan*, cette année, au mois de décembre-
janvier, depuis le premier jour de la lune jusqu'au dernier, c'est
donc un jeûne de trente jours. Ils jeûnent depuis le lever du soleil jusqu'à *magreb* ou coucher du soleil qui sont annoncés par un
coup de canon, mais ils se dédommagent en mangeant toute la
nuit; seulement, à minuit, ils font la prière dans les mosquées. A
quatre heures du matin, les trompettes annoncent l'approche du
jour. Ces longues abstinences déterminent fréquemment des mala-
dies et même la mort. Du reste, si un malade ou une femme en-
ceinte ne supportent pas le jeûne, ils doivent le faire plus tard,
quand l'état de santé le permettra. Le lendemain du mois de Rha-
madan, est un jour de fête annoncé par quinze à vingt coups de
canons. Les Arabes ont en outre le *Kourban beyram*, ou fêtes de
sacrifices, dans le mois de zil Hegge, mars-avril en 1866; on
achète alors un mouton comme sacrifice d'expiation, et on le
mange dans la maison.

Les Juifs ont les mêmes fêtes et jeûne que leurs coreligionnaires européens. Ils célèbrent en outre l'anniversaire de la mort de Moïse,
le 7e *adar*, comme jour de jeûne, appelé *petirah de Mosé Rabe-
nou.* Ils jeûnent toute la journée et ils lisent dans la synagogue et
dans les écoles les passages de la mort de Moïse.

La nuit de *lag ba-Omer*, qu'ils appellent *noche de hiloula de
Rabbi Simon ben Joh'ai*, ils lisent le passage du zohar, « hidara
Zouta, » contenant la mort de ce Rabbi. Cette lecture dure jusqu'à
minuit. Après la lecture, on se réunit chez une des notabilités de
la ville, surtout chez le grand-rabbin Isaac Nahon, pour y prendre un repas; le rabbin fait ensuite l'*hacshkabah* ou oraison funèbre de tous ceux qui avaient l'habitude de venir à cette réunion
et qui sont morts.

Les Juifs de Tétuan célèbrent aussi l'anniversaire de la fuite des
Arabes devant les Espagnols, où les premiers les ont pillés et
même massacrés avant de quitter la ville.

§ 10. — *Mariage.*

Les Arabes célèbrent leurs mariages avec une grande pompe et des processions dans les rues ; ils se marient jeunes, les hommes de seize à vingt ans, et les filles de douze à dix-huit ans, de sorte qu'à trente ans elles peuvent avoir des petits enfants. Les conditions du mariage sont fixées par les parents, les époux étant trop jeunes pour le faire eux-mêmes. Le père du fiancé donne à celui de la fiancée une certaine somme d'argent, en échange de la fille que celui-ci donne à son fils ; il achète donc, pour ainsi dire, une épouse à son fils. Les femmes arabes sont, on le voit. plus chères que les européennes, lesquelles sont obligées d'apporter, au contraire, une dot à leurs maris. Mais ce qui est surtout remarquable, c'est que l'Arabe ne peut pas voir sa future avant la noce ; il faut qu'il s'en rapporte au goût de sa mère, qui seule peut la voir. On compte probablement qu'elle lui plaira toujours, car toutes les femmes étant voilées, il ne verra jamais une femme plus belle que la sienne.

L'étranger peut du reste difficilement assister à une noce arabe.

Quant aux Juifs, les fêtes commencent quinze jours avant la noce. Le mariage a toujours lieu le mercredi, selon le précepte du Thalmud (traité Kethouboth, page 1). L'âge des mariés est le même que chez les Arabes. Le samedi qui précède le jour du mariage, les invités se rendent à la synagogue, où ils félicitent le fiancé ; les femmes, qui se tiennent dans la galerie, jettent dans la synagogue des dragées à tous ceux qui sont appelés au sépher. Après l'office, tout le monde se rend à la maison de la fiancée, où on est invité à dîner. Le soir du même jour, on retourne chez la fiancée, où on chante les pioutim de circonstance, ensuite on sert du thé et des gâteaux. Quelques jours avant le mariage, on blanchit le portail de toutes les maisons devant lesquelles la fiancée devra passer le jour de la noce pour aller chez son futur. Le dimanche qui précède le jour du mariage est appelé le *jour de la kethoubah* (où la kethoubah est rédigée). Le mardi soir, les invités se rendent chez la fiancée, qui est toute parée, la tête couverte d'un triple tour de la coiffure appelée *esphipha*, les yeux fermés, les joues teintes en rouge, et les pointes des doigts teintes d'une couleur jaune appelée *alchenia*. Ainsi parée, elle sort accompagnée de ses parents et de tous les invités, auxquels le père accorde, à tour de rôle, l'honneur

de guider sa fille, celle-ci ayant toujours les yeux fermés. Ce cor-
tége est précédé par quinze ou vingt garçons porteurs de grandes
bougies allumées, et accompagné de plusieurs chanteurs de pioutim de mariage, et il arrive ainsi chez le fiancé. Là, on trouve un
thalamon ou une espèce de voûte sous laquelle est placé un trône
pour la fiancée, puis tout le monde s'en va, et la fiancée est mise
dans un lit richement arrangé, où elle reste en compagnie de sa
mère jusqu'au mercredi matin; elle est de nouveau mise sur le
trône, sur lequel elle attend son futur et les invités. Celui-ci arrive ordinairement entre huit et neuf heures du matin, richement
paré, revêtu du talith et des thephilim, accompagné de tous les invités, et se place vis-à-vis de sa fiancée. Le rabbin lit alors le kethoubah, marie les jeunes gens selon le rite, et le fiancé casse un
verre avec le pied; enfin, on sert aux invités des liqueurs et des
gâteaux. A deux heures, on donne un grand diner, et on fait une
collecte pour le rabbin. Les gens riches donnent, en outre, une
soirée avec chant et musique. Les fêtes du mariage durent encore sept jours, où on fait chez la fiancée la prière du soir, et on
y sert des liqueurs et des gâteaux; enfin, le septième jour, on donne
aux invités un grand poisson comme symbole de la fécondité.

Il est digne de remarque que, tandis que l'Arabe achète sa
femme, comme je viens de l'indiquer, le Juif, marchand de toute
chose et plus que l'Arabe, ne marchande pas plus sur sa jeune
femme que sur sa vieille religion; il ne l'achète pas, il l'épouse;
en effet, c'est le père de la fiancée qui donne à son gendre une
dot, montant ordinairement à deux cents piatres ou mille francs.
Le fiancé donne à son tour à son épouse deux ou trois habits de
couleur rouge ou verte brodés d'or, des colliers, des bracelets,
des bagues en diamants, une ceinture de perles à mettre sur le
front, et l'alhorza, espèce d'anneaux qui pendent au-devant des
oreilles.

§ 11. — *Enterrements.*

Les Arabes portent leurs morts, couverts d'un drap blanc, sur
un brancard au cimetière, en chantant leur formule favorite :
« *Dieu est Dieu et Mahomet est son prophète.* » pour exprimer la
résignation dans la volonté divine. Ils vont très-souvent visiter
les morts et se prosterner sur leurs tombeaux, pour les prier d'in
tercéder pour eux auprès de Dieu. Les femmes arabes, surtout les

vieilles, sont encore plus fréquemment au cimetière que les
hommes. Du reste, l'étranger ne peut guère assister à leurs céré-
monies.

Quant aux Juifs, si quelqu'un meurt, quelques femmes pleu-
reuses font entendre, dans la chambre du mort, de temps en
temps, d'une voix lamentable, l'exclamation *uoh*, qui veut dire
hélas! et se frappent de leurs poings la figure et la poitrine. Le
mort est lavé, préparé et porté au cimetière par les membres de
la hebrah (société d'enterrement), qui se distinguent par un burnous blanc. Cette société compte trois à quatre cents membres.
Si le mort était un savant, il est posé au milieu de la rue du quartier juif, où le grand-rabbin fait l'oraison funèbre. Pendant tout le
passage du convoi à travers les rues, les femmes réunies sur les
terrasses de leurs maisons, portent leurs mains aux yeux et à la
bouche, ce qui est, chez les Juifs comme chez les Arabes, un signe
de vénération. Pendant tout le trajet dans le quartier juif, on
chante les *kinoth* (chants funèbres) de circonstance ; sortis de
leurs quartiers, ils cessent de chanter pour ne pas attirer l'atten-
tion des Arabes. Une seule fois, j'ai fait chanter les élèves du
chœur dans tout le quartier arabe jusqu'au cimetière, et même devant la grande mosquée, sans que les Arabes aient témoigné le
moindre signe d'irrévérence. Arrivés au cimetière, ils chantent les
versets du Thmania apé (le psaume 119) qui commencent par les
lettres du nom du défunt. Après l'enterrement, on accompagne
les *abelim* (personnes en deuil) jusqu'à la maison mortuaire, où
on donne la *seoudath-habarah* (repas de mort), consistant en du
pain et des œufs, on répète les versets chantés au cimetière, puis
on allume une lumière dans un grand verre, dans la chambre du
mort, et on l'y entretient pendant dix mois. La schibah ou les
sept jours de deuil, est observée comme chez les Juifs européens,
seulement les *abelim* vont tous les matins à la synagogue, probablement à cause de l'usage de ne jamais sortir de sépher de la synagogue. Le trentième jour, il y a dans la chambre mortuaire une
mischmarah, c'est-à-dire que le rabbin et les invités font la lecture
de quelques morceaux du zohar de la paraschah de la semaine,
puis on sert du café noir et des biscuits. Le même jour, on pose
une pierre sur le tombeau, mais au lieu de la mettre debout, on
la met couchée, parfois on y grave le nom du défunt. Le samedi des
schibah et le dernier jour des scheloschim (trente jours du petit
deuil), on fait, dans la synagogue, une oraison funèbre où l'ora-

teur fait l'éloge du défunt, et insiste sur le devoir de faire la charité aux pauvres. Après l'office, on accompagne les *abelim* dans la maison mortuaire, où tout le monde s'assied à terre en chantant des psaumes.

A la fin du dixième mois après la mort, on fait de nouveau une mischmarah où on lit le zohar de la semaine, et on prend un repas assis par terre; puis on porte le verre d'huile à la synagogue, où on l'entretient jusqu'à la fin du douzième mois : alors on laisse la lumière s'éteindre, et on laisse le verre à sa place pour être rallumé le jour où les parents voudront faire faire une oraison funèbre, ce qui a surtout lieu un samedi, un rosch h'odesch (le premier jour du mois), ou un jour de fête.

Les Juifs vont souvent, comme les Arabes, visiter les tombeaux de leurs parents et des hommes pieux, surtout les femmes, et principalement les femmes enceintes ou celles qui ont des enfants malades; elles y vont ordinairement le rosch h'odesch. D'autres font un pèlerinage au houazan ou le tombeau d'un zadik (homme pieux) vénéré même par les Arabes.

Enfin, j'ajouterai que, dans l'ancien cimetière israélite, il y a des tombeaux qui renferment les restes des exilés de Castille (Espagne).

§ 12. — *Junte et personnel du culte.*

Tandis que les Arabes n'ont aucun corps électif, les Juifs ont depuis longtemps adopté le suffrage universel. Leur junte est composée de douze membres élus pour deux ans; chacun de ces membres a l'honneur de la présidence pendant un mois, quand son tour arrive. Cette junte administre la communauté, les nombreux établissements de bienfaisance, les écoles, les séminaires, etc.

Il y a à Tétuan deux grands rabbins qui se partagent la ville, et deux autres rabbins qui complètent le beth din (tribunal rabbinique) pour les procès importants des Juifs entre eux. Ils ne reçoivent aucun traitement de la communauté, mais ils ont les revenus de leurs synagogues, le casuel et, en leur qualité de rosch jeschibah (professeurs en chef), ils reçoivent des honoraires des fonds des séminaires.

Les ministres officiants sont payés également des revenus de la synagogue à laquelle ils sont attachés. Dans chaque synagogue il y a en outre un paitan ou chanteur de pioutim de circonstance.

Il y a , en outre, dix à quinze schoh'atim dans la ville et dans
l'abattoir. qui renferme des animaux appartenant pour la plupart
à des Juifs; beaucoup appartiennent aux Arabes, car les musulmans aiment aussi à faire tuer leurs animaux par les schoh'atim
israélites.

Les mohalim (les opérateurs de la circoncision) sont nombreux;
ils opèrent tous gratuitement, n'ayant en vue que l'honneur et la
satisfaction de faire une bonne œuvre. Ordinairement, ce sont les
h'akamim (savants) qui font cette opération , mais tout le monde
peut accomplir cette fonction.

Conclusions.

On voit, par tout ce qui précède, que les Juifs de Tétuan sont,
sous beaucoup de rapports, supérieurs à leurs concitoyens, et
leurs tendances et leurs mœurs se rapprochent davantage de
celles des Européens. Cependant, il reste encore beaucoup à
faire. Leur position sociale et politique est des plus malheureu-
ses; leur civilisation s'en ressent nécessairement, trop d'obstacles
les ont empêchés de faire les progrès accomplis par leurs frères
européens, qui, naguère plongés dans les plus épaisses ténèbres
du moyen-âge, franchissent d'un bond tous les siècles passés pour
se ranger, du jour au lendemain, à côté des hommes les plus civilisés du XIXᵉ siècle , aussitôt que le mot magique de *fiat lux* de
l'émancipation est prononcé pour eux. On n'a qu'à comparer les
Juifs français d'avant 1789 avec ceux d'aujourd'hui.

Mais si les révolutions mémorables des nations européennes,
rapides comme l'éclair, ont produit des métamorphoses merveil-
leuses à vue d'œil et comme par enchantement, les peuples orientaux, plus ou moins stationnaires de leur nature, paraissent destinés à ne voir ces métamorphoses rapides que dans les contes des
Mille et une nuits, dus à leur imagination ardente, qui est plus
féconde et plus puissante que celle des Européens , tandis que les
progrès réels se font chez eux avec une lenteur désespérante. Il
faut bien admettre qu'ils font des progrès, car tout ce qui vit pro-
resse; mais ils marchent comme les aiguilles d'une montre, dont
l'œil le plus exercé ne peut jamais voir les mouvements. Cependant, faut-il en désespérer? Non. (Deuteronom. 32). Interroge ton
père, dit la Bible, c'est-à-dire l'histoire. En effet, il y avait une
époque où les Arabes ont fait des progrès beaucoup plus *rapides*

que les peuples européens les plus civilisés. On n'a qu'à comparer la *rapidité* merveilleuse de la propagation de l'Islam avec la lenteur relative de celle du christianisme chez les Grecs et les Romains, les nations les plus civilisées de leur époque. Eh bien! ce que le grand Mahomet, disciple d'un rabbin israélite, a fait dans son temps, peut se renouveler de nos jours, également par l'initiative des israélites. Ils commencent par civiliser leurs coreligionnaires, où ils trouvent un terrain plus propice à leurs œuvres; car les Juifs de l'Asie sont, comme je l'ai déjà dit, plus rapprochés de nous et plus aptes à recevoir les idées modernes de l'Occident; mais bientôt ces Juifs exerceront l'influence la plus salutaire sur les peuples voisins (Jesaias, 2, 3). La loi vient de Sion et la lumière de Jérusalem, a dit le prophète.

En effet, les résultats déjà obtenus par les généreux efforts de l'*Alliance israélite universelle*, le *Board of deputies* de Londres, M. le baron de Rothschild et mon frère, M. Albert Cohn, autorisent l'espoir de voir ces Orientaux arriver enfin au niveau des peuples les plus civilisés de l'Europe.

Voici ce qu'on a déjà fait et obtenu à Tétuan :

En 1857, feu le baron Salomon, le troisième fils du baron James de Rothschild, était à Tétuan, et voyant la misère de la ville, sur les instances de M. Nahon, il en a parlé à sa mère, la baronne James de Rothschild, célèbre pour sa charité, et la baronne y a envoyé, en 1858, à ses frais, M. le docteur Hauser, qui y est resté jusqu'au mois de juillet 1861, où il fut remplacé par M. le docteur Schmid.

Elle envoie aussi des secours annuels pour l'école des filles fondée à Tetuan; aussi, les Juifs reconnaissants font des prières à la synagogue tous les Rosch h'odesch et les jours de fête pour la famille de Rothschild.

Le *Board of deputies of the relief found of Maroc*, de Londres, a pour président sir Moses Montefiore, célèbre pour sa philanthropie et ses voyages à Maroc, à Damas, en Russie, pour défendre les droits méconnus de nos coreligionnaires, et pour secrétaire M. Piccioto.

Le *Board* et l'*Alliance israélite universelle* de Paris ont fondé, en 1862, une école israélite européenne pour les garçons, en donnant la somme de 2,500 fr., ils versent la même somme tous les ans. L'*Alliance* a fondé à Tétuan une école de filles, et elle contribue aussi à l'entretien de l'école de garçons, dont elle avait bien voulu me confier la direction.

L'école de garçons a reçu d'abord 170 élèves sous ma direction; un grand nombre ont fait beaucoup de progrès dans les langues française et espagnole et dans les autres objets d'enseignement. À cette occasion, je dois remercier MM. les consuls français et anglais de leur bienveillance et de la protection qu'ils ont bien voulu accorder à l'école.

L'école des filles a environ 70 élèves.

Les élèves montrent des dispositions excellentes; sont très-dociles, pleins de zèle et du désir d'apprendre et de se conformer à la discipline et aux mœurs européennes. On peut donc espérer que l'enseignement portera ses fruits, et que les populations de ces pays malheureux et arriérés atteindront un jour le niveau de la civilisation européenne.

FIN.